신나는 동화
글 디디에 레비
그림 조제 파롱도

맛있는 상식
자료 조사 세실 쥐글라
그림 안느 빌스도르프, 지스몽드 쿠리아스
만화 마뉘 부아토

사진 소유권
표지 AGE / SDP
p.24~25 : F. 아노토 / 나탕 출판사
p.26 : 아래 - P. 알릭스 / 파니
p.26~27 : F. 아노토 / 나탕 출판사
p.28 : 위 - S. 코르디에 / 익스플로러
p.28~33 : F. 아노토 / 나탕 출판사
p.32 : 아래 - P. 가로 / 파니

옮긴이 이윤영
경희대학교 대학원 불어불문학과 졸업. 전문 번역 작가로 활동중.
번역 작품으로 〈내 몸 속 구경해 볼래?〉, 〈아탈란트 호의 반란자들〉,
〈Wolf 늑대를 아세요?〉 등이 있다.

보고 듣고 느껴요

어떤 이야기들이 있을까요?

- **동화**
  괴물의 간식　　　　　　　　6~23

- **정말이에요!**
  오감이란 무엇일까요?　　　　24~33

- **만화—쉬제트와 자키**
  무슨 냄새지?　　　　　　　　34~35

- **낱말과 그림**　　　　　　　36

동화에 나오는 낱말을 배워요

괴물

눈과 귀를 의심하다
깜짝 놀라거나 믿을 수 없어서 잘못 보고 잘못 들은 줄 알다.

악을 쓰다
온 힘을 다해 큰 소리를 내다.

꽉 차다
가득 들어 있다.

진정
거짓이 아니라 정말로. 참으로

소원대로
꿈꾸거나 바라던 것 그대로

괴물의 간식

디디에 레비 글 / 조제 파롱도 그림 / 이윤영 옮김

괴물은
자신의 눈을
의심했어요.

그리고 소리를 들었지만 자신의 **귀도 의심했지요.**
또 냄새를 맡았지만 자신의 코도 의심했어요.

저기 문 앞에 햄버거가 놓여 있고,
그 속에 어린아이 하나가
들어 있었거든요!
괴물의 입에 쏙 들어갈 만큼 작은 아이가
악을 쓰며 노래를 부르고 있었어요.
괴물의 **소원대로** 말이에요.
"날 먹어요, 괴물님!
빨리 날 먹어요, 빨리요!"
괴물은 쩝쩝 입맛을 다시며
햄버거 쪽으로 성큼성큼 다가갔어요.

그러고는 진짜 빵인지 알아보려고
햄버거를 툭툭 쳐 보았어요.
또 **진정** 그 아이가 살아 있는지 알아보려고
햄버거 속의 아이도 톡톡 쳐 보았어요.

마침내 괴물은 햄버거를 덥석 집어들었어요.
그리고 아주 크게 입을 벌리고
한입에 꿀꺽 삼키려 했지요.

그런데 갑자기 괴물이 비명을 지르며
마구 뛰어다니기 시작했어요.

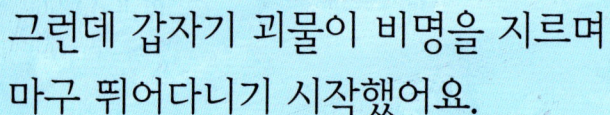

하하! 그건 속임수였어요!
아이의 옷 속에는 엄청나게 매운 작은 고추들이
꽉 차 있었거든요.

그제야 여기저기에 숨어 있던 아이들이
하나 둘 나타나기 시작했어요.
아이들은 어쩔 줄 몰라 하며 호수로 뛰어들어
물을 마셔대는 괴물을 보고 깔깔거렸지요.

그 날 이후로 아이들은 엄청나게 매운 고추를
주머니에 한 가득 넣고 다녔어요.

그 후로 괴물은 다시는 어린이들을
잡아먹지 않았답니다.

동화의 순서에 맞게 이야기해 보세요

뇌와 감각

우리 몸의 기관들(코, 혀, 귀, 눈, 피부)이 **신경**의 도움을 받아 여러 정보들을 **뇌**로 보냅니다.
그러면 뇌는 그 정보들을 냄새, 맛, 소리, 모양, 느낌 등으로 바꾸어 주고, 곧바로 우리 몸이 반응하도록 명령을 내리지요.

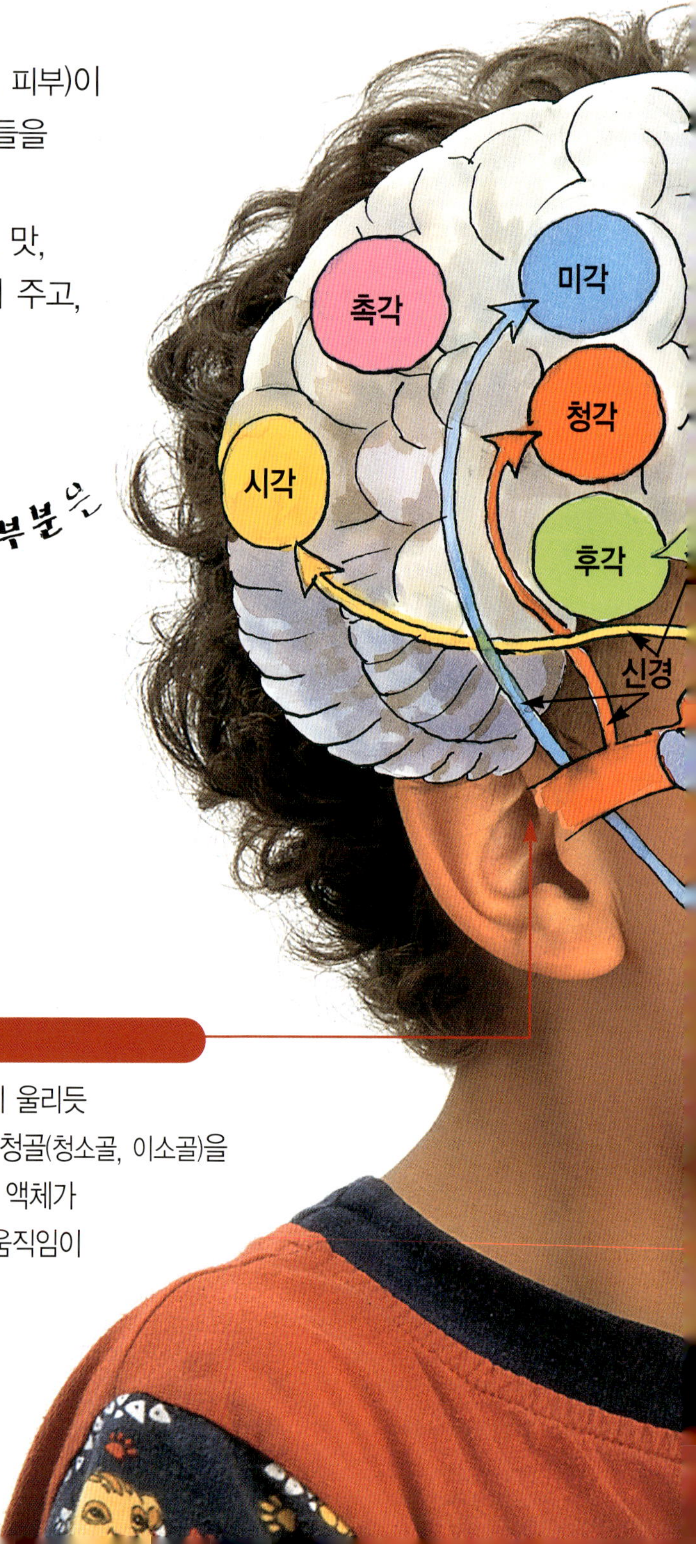

각각의 감각과 몸의 특정 부분은 서로 이어져 있죠.

소리를 듣는 귀(청각)

소리가 우리 귀로 들어가면 마치 북이 울리듯 얇은 고막을 떨게 해요. 그리고 나서 청골(청소골, 이소골)을 진동시키면 달팽이관 속에 들어 있는 액체가 진동하게 되지요. 그러면 그 액체의 움직임이 청각 신경을 통해서 뇌로 전해지는 거예요.

정말이에요!

물체를 보는 눈 (시각)

동공을 통해 눈으로 들어간 빛은 수정체를 지나 망막 위에 물체의 모습을 거꾸로 맺히게 해요. 그러면 뇌가 그것을 바른 모습으로 만들어 주지요.

뇌
망막
수정체
동공
달팽이관
청골
고막

냄새를 맡는 코 (후각)

여러분의 콧속이 냄새를 잘 맡는 털로 가득 차 있다는 사실을 알고 있나요?

맛을 느끼는 혀 (미각)

혀에는 오톨도톨하게 작은 모래 같은 유두라고 하는 돌기들로 덮여 있어요. 어떤 맛인지 알아차리는 일을 하지요.

느낌을 아는 피부 (촉각)

우리의 피부 바로 아래쪽에는 촉각 세포들이 있어서 딱딱한지 부드러운지 차가운지 아픈지를 알 수 있어요.

마술 같은

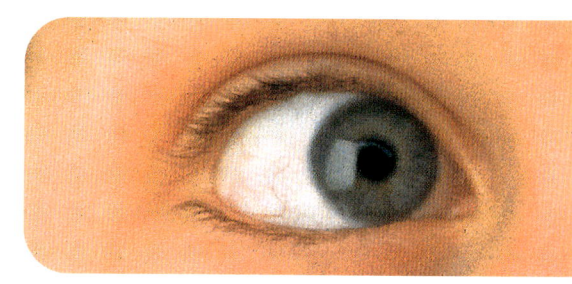

무언가를 보려면 빛이 필요해요.
빛은 너무 세거나 약하지 않아야 해요.
너무 강한 빛은 우리 눈 속에 있는
망막을 다치게 할 수도 있으니까요.

우리는 눈 덕분에 색깔이나

사람들과 달리 고양이나 부엉이는
어두운 곳에서도 잘 볼 수 있답니다.

잠깐 실험

1. 종이 위에 펜으로 작은 점을 그리세요.

2. 눈을 감고 펜으로 다시 그 점을 정확하게 찍을 수 있는지 실험해 보세요.

어떻게 되었나요?
아마 맞추지 못했을 거예요!
이 실험은 거리나 위치를 정확하게
알기 위해서는 눈이 꼭 필요하다는 것을
증명해 주지요.

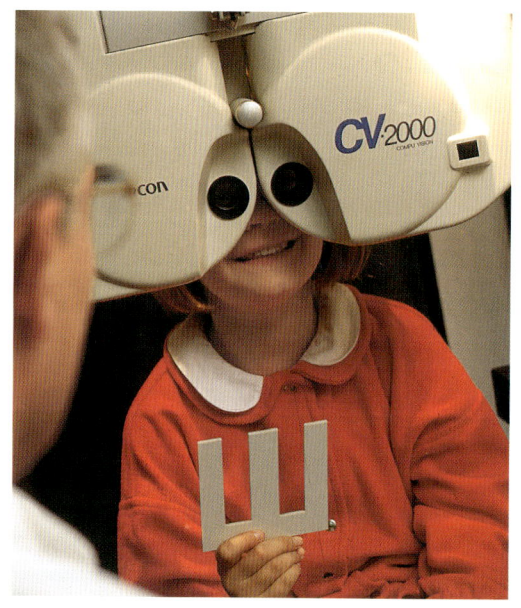

좀 떨어져 있는 물체가 잘 보이지 않기
시작했다면 안과에 가서
검사를 받으세요.
눈이 많이 나쁘다면 안경이나 콘택트렌즈를
처방해 줄 거예요.

우리 눈!

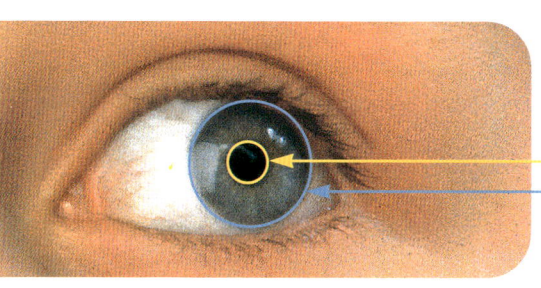

주위가 어두워지면
빛을 더 많이 통과하게 하려고
동공이 커지고,
빛이 너무 밝으면
동공이 작아져요.

눈동자 색깔은 사람마다 달라요.

정말이에요!

모양, 크기, 움직임을 모두 알 수 있어요.

가끔 눈은 실제로는 없는 것을 보게 하지요. 우리를 착각에 빠뜨리는 거예요.

30초 동안 이 새 그림을 뚫어지게 본 다음
아래에 있는 새장을 보세요.

새가 새장 안에 있는 것처럼 보이지 않나요?

이 그림을 보세요. 무엇처럼 보이나요?
두 사람의 얼굴인가요? 아니면 촛불인가요?

냄새는 모양이 없고 공기 가운데 떠다니고 있지요. 우리는 보통 3,000가지 정도의 냄새를 맡을 수 있대요. 그래도 개에 비하면 아무것도 아니죠. 개는 눈 속에 묻힌 사람을 찾아낼 수 있을 만큼 후각이 뛰어나답니다.

미각과 후각은

잠깐 실험

1. 친구의 눈을 가리고 손으로 코를 막게 하세요.

2. 그리고 4가지 종류의 주스를 맛보게 한 후 무슨 맛이 나는 주스인지 알아맞히기 놀이를 해 보세요.

어떻게 되었나요?
아마 대답하기 어려웠을 거예요. 코를 막고서는 단맛 말고 다른 맛은 알 수 없으니까요. 다른 맛들을 알아 내는 것이 바로 코거든요. 그래서 감기에 걸려 코가 막히면 음식 맛을 잘 알 수 없는 거예요.

우리가 흔히 알고 있는 단맛, 짠맛, 신맛, 쓴맛 같은 4가지 맛은 혀의 서로 다른 부분에서 느껴진답니다.

그러니까 여러분이 사탕 맛을 정말로 즐기고 싶다면 혀 맨 끝부분에 녹여서 맛을 보세요!

후각, 즉 냄새를 맡는 감각은
갓 태어났을 때 가장 발달했다가
커 가면서 점점 약해져요.
갓난아기들은 냄새만으로
엄마를 찾을 수 있지요.

정말이에요!

아주 친해요

우리가 음식의 맛을 느낄 수 있는 것은
혀뿐만이 아니라 코 덕분이기도 해요.

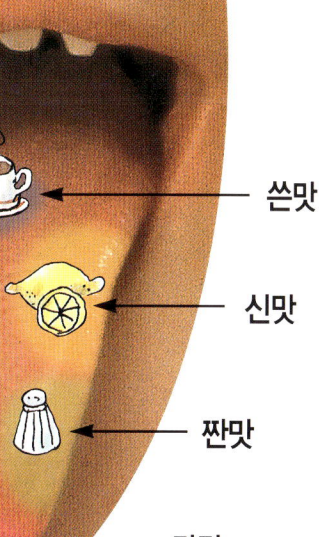

- 쓴맛
- 신맛
- 짠맛
- 단맛

방에 들어갔을 때 안 좋은 냄새가 나면 우리는 금방
그 냄새를 맡을 수 있어요. 하지만 시간이 조금 지나면
더 이상 그 나쁜 냄새를 느끼지 못하게 되지요.
바로 뇌가 우리를 그 냄새에 익숙해지도록 만들기 때문이에요.

활짝 열린 귀

세상은 온갖 소리들로 가득 차 있어요.
원숭이 울음처럼 날카로운 소리,
사자가 포효하는 우렁찬 소리, 물 한 방울이 떨어지는
작은 소리, 코끼리가 내는 큰 소리…….

몸무게나 키를 재는 것처럼
소리도 데시벨(dB)이라는 단위로
크기를 잴 수 있어요.
100데시벨이 넘으면 위험해서,
잘못하면 귀머거리가 될 수도
있답니다.

노인들은 종종 소리를
잘 듣지 못해요.
그래서 소리를 크게
만들어 주는 보청기를
귀에 끼우기도 하지요.

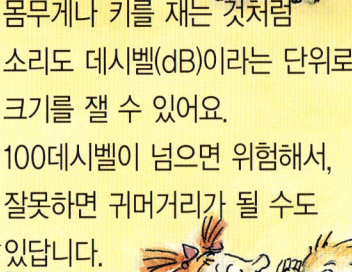

2 dB   20 dB

우리는 귀가 있어서 소리, 즉 공기 중에

잠깐 실험

1. 친구의 눈을 수건으로 가리고 손으로 귀를 막게 하세요.

2. 그리고 나서 여러분이 숟가락 두 개를 부딪쳐 소리를 낸 다음 어느 쪽에서 나는 소리인지 맞혀보게 하세요. 아마 틀리기 쉬울 거예요!

정말이에요!

초음파라는 아주 미세한 소리도 있어요. 사람의 귀에는 들리지 않지만 돌고래나 개들은 초음파를 느낄 수 있대요.

아직 태어나지 않은 아기도 뱃속에서 엄마, 아빠의 목소리를 들을 수 있어요.

130 dB
100 dB
80 dB

움직이는 보이지 않는 떨림을 들을 수 있는 거예요.

3. 이제 귀에서 손을 떼게 하고 다시 숟가락을 부딪치면 여러분이 어디에서 소리를 내는지 금방 알아맞힐 거예요.

소리가 나는 곳을 정확하게 알려면 귀가 꼭 필요하다는 것을 알 수 있는 실험이지요.

헤드폰이나 이어폰을 사용할 때 너무 큰 소리로 듣지 마세요!

민감한 피부

우리 몸에는 조금 더 민감한 곳도 있고
조금 덜 민감한 곳도 있어요.
예를 들어 입이나 손끝은
아주 예민하지요.
그래서 뽀뽀는 입술로
하는 걸 거예요.
발바닥도 간지럼에
약한 부분이고요.

딱딱하다 물렁물렁하다 축축하다 피부로 느껴요! 부드럽다

시각 장애인들이
작은 점들로만 이루어진
점자책을 손으로 만지며
읽을 수 있는 것도 손끝이 그만큼
민감하기 때문이에요.

그런가 하면 엉덩이 피부는 그렇게 예민하지 않아서 주사를 맞아도 다른 곳보다 덜 아픈 거예요!

정말이에요!

뜨겁다

차갑다

부드럽다

따갑다

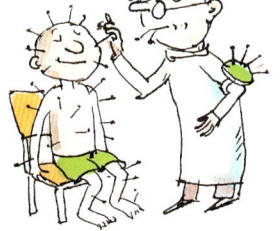

잠깐 실험

1. 왼쪽 손가락 하나는 더운 물에, 오른쪽 손가락 하나는 찬물에 1분 동안 담그세요.

2. 더운 물에 담갔던 손가락을 미지근한 물에 넣어 보세요. 물이 손가락보다 덜 따뜻하기 때문에 차갑게 느껴질 거예요.

3. 이번에는 찬물에 담갔던 손가락을 미지근한 물에 넣어 보세요. 아마 따뜻하게 느껴질 거예요.

정말 그렇게 느꼈나요? 그건 우리 뇌가 처음의 느낌을 잘 기억하고 있기 때문이랍니다.

한의사들은 어느 곳의 피부가 덜 민감한지 잘 알고 있어요. 그래서 환자들에게 아프지 않게 침을 놓을 수가 있어요.

쉬제트와 자키
무슨 냄새지?

- 킁킁! 아침부터 웬 좋은 냄새지?

- 뭐가 좀 보여?
- 오호! 빨리 가 보자!

- 쉿! 조용! 소리내면 안 된다고!

- 야, 쉬제트! 저 케이크 좀 봐!

- 숨어 있는 놈들 빨리 나와!
  이 케이크에 손댔다간 혼날 줄 알아라, 알았냐?

- 그…그럼요. 절대 손대려고 한 게 아니거든요…….
- 정말이에요. 그냥 입만 대보려고 했어요.

낱말과 그림

귀가 밝다
작은 소리도 잘 듣는 사람을 가리켜 하는 말이에요.

침이 고이다
맛있어 보이는 음식을 보면 먹고 싶어서 입 안에 침이 생긴다는 말이에요.

천리안
다른 사람들은 못 보는 것을 신기할 정도로 잘 본다는 말이에요.

향기 전문가
냄새에 뛰어나게 민감해서 향수나 화장품 만드는 일을 하는 사람을 말해요.

보고 듣고 느껴요

펴낸날 2012년 11월 20일 1판 1쇄 **펴낸이** 강진균 **펴낸곳** 월드아이즈 **편집주간** 강유균
기획 변지연 **편집** 조정민 김지현 **디자인** 김영중 안태현 **제작** 강현배 **마케팅** 변상섭 나윤미 **온라인** 문주강
주소 서울시 강남구 논현동 101-14 삼성당빌딩 9층 **대표 전화** (02) 3443-2681 **팩스** (02) 3443-2683
등록 1968년 10월 1일 제2-187호 **홈페이지** www.ssdp.co.kr **쇼핑몰** www.ssdmall.co.kr
ISBN 978-89-14-01849-6 (74400) / 978-89-14-01835-9 (세트)

Trop fort le goût!
Auteur : Didier Lévy(Fiction)/Cécile Jugla(Documentaire)
Illustrateur : José Parrondo

Copyright © 2000 by Éditions Nathan-Paris, France
All rights reserved.
Korean translation copyright © 2006 by Samseongdang Publishing Co., Ltd.
Korean edition is published by arrangement with Les Éditions Nathan
through Imprima Korea Agency.

이 책의 한국어판 저작권은 Imprima Korea Agency를 통해 Les Éditions Nathan과의 독점 계약으로
삼성당에 있습니다. 신저작권법에 의해 한국 내에서 보호를 받는 저작물이므로 무단 전재와 복제를 금합니다.